경제야 쉬워져라, 뚝딱!

처음 만나는 사회 그림책 5_경제

경제야 쉬워져라, 뚝딱!

초판 1쇄 인쇄 2024년 1월 15일
초판 1쇄 발행 2024년 1월 26일

글 황근기
그림 홍성지

펴낸곳 도서출판 개암나무(주)
펴낸이 김보경
경영관리 총괄 김수현 **경영관리** 배정은 조영재
편집 조원선 오누리 김소희 **디자인** 이은주 **마케팅** 이기성
출판등록 2006년 6월 16일 제22-2944호

주소 서울특별시 용산구 한남대로40길 19, 4층(한남동, JD빌딩) (우)04417
전화 (02)6254-0601, 6207-0603 **팩스** (02)6254-0602 **E-mail** gaeam@gaeamnamu.co.kr
개암나무 블로그 http://blog.naver.com/gaeamnamu **개암나무 카페** http://cafe.naver.com/gaeam

ⓒ 황근기, 홍성지, 2024
이 책의 저작권은 저자에게 있습니다. 저자와 출판사의 허락 없이 내용의 일부를 인용하거나 발췌하는 것을 금합니다.

ISBN 978-89-6830-807-9 74080
ISBN 978-89-6830-374-6 (세트)

품명 아동 도서 | **제조년월** 2024년 1월 26일 | **사용연령** 10세 이상
제조자명 개암나무(주) | **제조국명** 대한민국 | **전화번호** 02-6254-0601
주소 서울특별시 용산구 한남대로40길 19, 4층(한남동, JD빌딩)

경제야 쉬워져라, 뚝딱!

황근기 글 홍성지 그림

개암나무

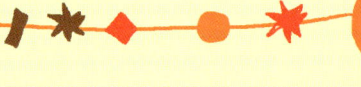

차례

요술 방망이를 부러뜨린 까비 ··· 6

도깨비는 돈이 궁금해!
화폐의 탄생 과정 ··· 10
한 걸음 더! 새로운 교환 수단이 생겨났어요 ··· 15
돈은 어디서 만들까? ··· 17
돈의 가치는 왜 달라질까? ··· 20
한국은행은 통화량을 어떻게 조절할까? ··· 24
나라마다 다른 돈 ··· 28
한 걸음 더! 환율의 비밀을 알려 줄게요 ··· 33

까비의 시장 대탐험
다양한 시장의 종류 ··· 35
열리는 때에 따라 시장을 구분해 보아요 ··· 38
공급받는 대상에 따라 시장을 구분해 보아요 ··· 39
인터넷 쇼핑의 특징 ··· 40
한 걸음 더! 왜 시장마다 물건값이 다를까요? ··· 44
현명한 소비자가 되는 법 ··· 46
한 걸음 더! 합리적 소비에 대해 알아보아요 ··· 52
둘 중 하나만 선택해야 해요 ··· 55

가격을 정하는 법칙

생산 활동의 의미와 종류 … 62

가격은 어떻게 결정될까요? … 66

한 걸음 더! 수요와 공급에 대해 알아보아요 … 72

불꽃 튀는 가격 경쟁 … 74

한 걸음 더! 시장 경제와 정부의 역할은 무엇일까요? … 81

작가의 말 … 86

시끌벅적 숲에 사는 꼬마 도깨비 까비는 단 한 번도 돈 걱정을 해 본 적이 없어요. 도깨비 방망이로 금을 만들 수 있거든요.

오늘도 까비는 "금 나와라, 뚝딱!" 하고 외치며 방망이를 바닥에 내리쳤어요.

그런데 이게 무슨 일이래요!

도깨비 방망이가 뚝 부러져 버린 거 있죠.

까비는 접착제로 붙여도 보고, 테이프로 칭칭 감아도 봤어요.

하지만 부러진 도깨비 방망이는 "금 나와라, 뚝딱!"을 아무리 외쳐도 제 기능을 발휘하지 못했어요. 이 때문에 까비는 사고 싶은 것도 못 샀고, 먹고 싶은 것도 못 먹었어요.

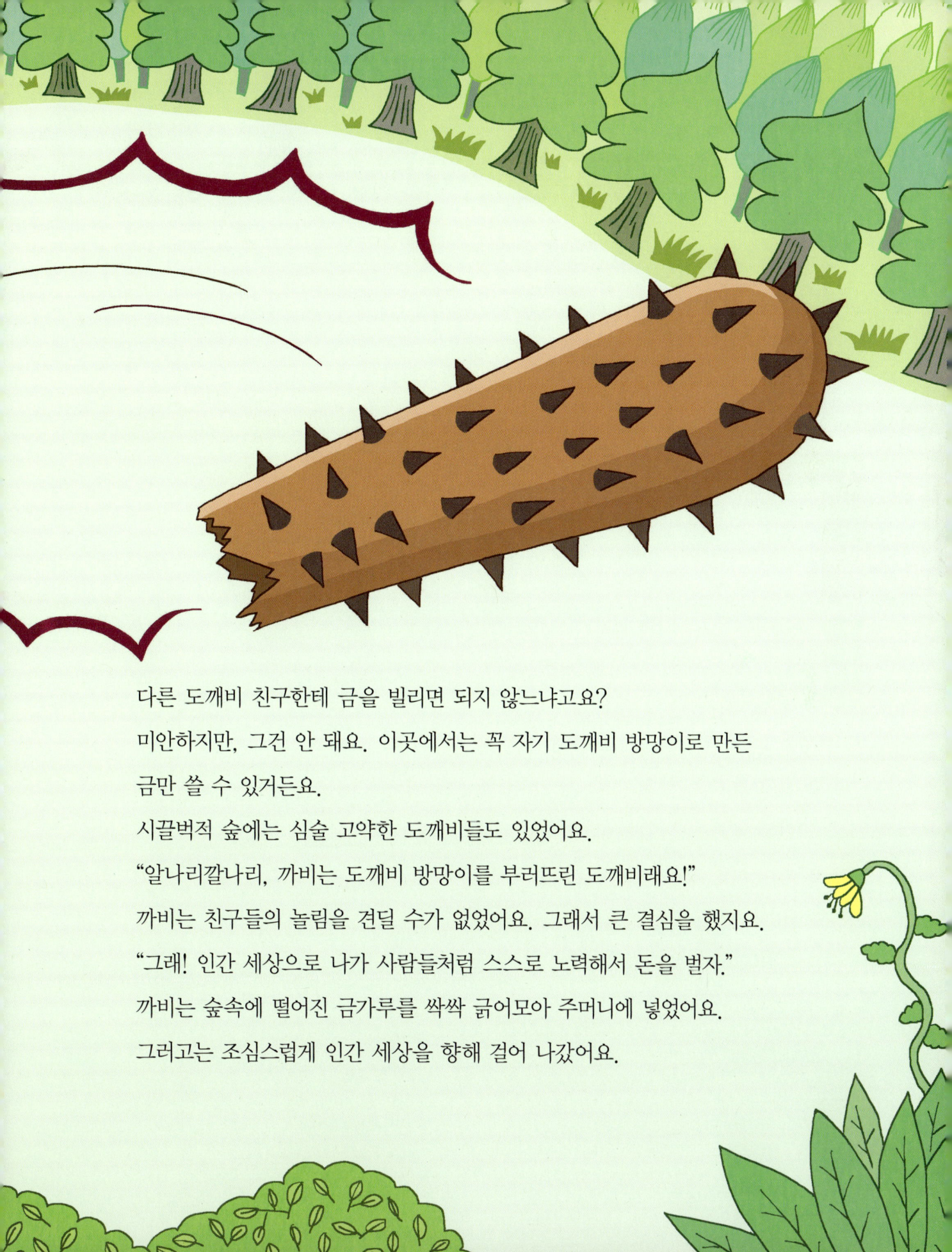

다른 도깨비 친구한테 금을 빌리면 되지 않느냐고요?
미안하지만, 그건 안 돼요. 이곳에서는 꼭 자기 도깨비 방망이로 만든
금만 쓸 수 있거든요.
시끌벅적 숲에는 심술 고약한 도깨비들도 있었어요.
"알나리깔나리, 까비는 도깨비 방망이를 부러뜨린 도깨비래요!"
까비는 친구들의 놀림을 견딜 수가 없었어요. 그래서 큰 결심을 했지요.
"그래! 인간 세상으로 나가 사람들처럼 스스로 노력해서 돈을 벌자."
까비는 숲속에 떨어진 금가루를 싹싹 긁어모아 주머니에 넣었어요.
그러고는 조심스럽게 인간 세상을 향해 걸어 나갔어요.

도깨비는 돈이 궁금해!

인간 세상으로 내려온 까비는 빗자루로 변신해 현승이네 집 뒷마당에 숨었어요.

'일단 인간들이 어떻게 생활하는지 살펴봐야겠다.'

그런데 갑자기 강아지가 까비를 향해 왈왈 짖지 뭐예요.

현승이가 문을 열고 밖으로 나왔어요.

"찡꼬야, 무슨 일이니?"

현승이는 찡꼬와 빗자루를 번갈아 쳐다보며 고개를 갸웃거렸어요.

"흠, 우리 찡꼬가 괜히 짖을 강아지가 아닌데……."

현승이는 탐정이 추리하듯 이리저리 왔다 갔다 하며 혼잣말을 중얼거렸어요.

"흠, 어제까지만 해도 마당에 이런 빗자루가 없었는데……."

그러다가 양손으로 빗자루를 꽉 움켜쥐며 으름장을 놓았어요.
"솔직히 말해! 너 빗자루 아니지? 다 알아. 셋 셀 동안 정체를 안 밝히면 콱 부러뜨리겠다. 하나, 둘……."
당황한 까비는 얼른 원래 모습으로 되돌아왔어요.
갑자기 빗자루가 도깨비로 변하자 현승이는 깜짝 놀랐고, 까비는 얼결에 엉덩방아를 찧었어요. 현승이는 그 모습에 웃음이 나왔지요.
"너는 누구니?"
"그게, 얘기하자면 좀 긴데……."
까비는 그동안의 일을 현승이에게 솔직히 들려줬어요.
"쯧쯧, 그런 사정이 있었구나. 일단 들어와."

화폐의 탄생 과정

까비가 현승이에게 물었어요.

"인간 세상에서 필요한 것을 사려면 어떻게 해야 하니?"

"돈을 벌어야지."

"돈? 그게 뭔데?"

"뭐라고 설명해야 하지? 갑자기 생각이 잘 안 나네……."

현승이는 잘 몰랐지만, 자존심이 강해서 모른다는 말을 차마 할 수 없었어요.

현승이가 연신 고개를 갸웃거리자 까비는 실망했어요.

그때, 현승이가 손가락을 탁 튕겼어요.

"아, 그렇지! 스마트폰한테 물어보자. 돈이 어떻게 생겨났는지부터 말이야. 스마트폰은 모르는 게 없거든. 잠깐만 기다려!"

 지니, 돈은 어떻게 생겨났어?

 그걸 설명하려면 돈이 없던 때부터 시작해야 합니다.

 좋아, 최대한 자세하게 알려 줘!

아주 먼 옛날, 원시인들은 모든 걸 직접 했습니다. 직접 농사짓고, 사냥하고, 집을 짓고, 도끼를 만들고, 옷을 해 입었지요. 이를 **자급자족 생활**이라고 합니다.

 말만 들어도 하루가 엄청 바빴겠다.

자급자족 생활은 불편한 점이 많았습니다. 부족마다 형편이 달랐거든요. 숲에 사는 부족은 주로 동물을 사냥했기 때문에 가죽은 얻기 쉬웠지만, 물고기는 구하기 힘들었지요. 반면에 물가에 사는 부족은 물고기는 쉽게 찾았지만 동물 가죽은 구하기 어려웠습니다.

사람들은 "나에게 많은 물건은 다른 사람에게 주고, 나에게 필요한 물건은 다른 사람에게 받자."라고 생각했습니다. 이것을 **물물 교환**이라고 합니다.
어느 한곳에 모여 물물 교환을 하면서 시장이 생겼습니다.

물물 교환도 불편한 점이 많았을 텐데…….

맞습니다. 물물 교환도 다음과 같은
문제 때문에 불편했습니다.

물물 교환의 문제점

거래할 사람을 직접 찾아야 한다.

무거운 물건도 직접 들고 다녀야 한다.

물건마다 가치가 다르다.

사람들은 이런 문제를 해결하기 위해 물건값을 정했습니다. 기준이 되는 물건을 정하고, 이것으로 다른 물건의 가치를 매겼지요. 이때 거래의 기준이 되는 물건을 **교환 수단**이라고 합니다.

교환 수단에는 어떤 것들이 있어?

처음에는 교환 수단으로 조개껍데기, 쌀, 소금, 옷감 등을 썼습니다. 이런 교환 수단 덕분에 사람들은 좀 더 쉽게 물건을 교환할 수 있었습니다.

흠…… 쌀, 소금 같은 교환 수단은 가지고 다니기 어려웠을 텐데……. 게다가 변하기 쉽잖아.

그래서 사람들은 새로운 교환 수단인 **화폐**를 만들었습니다. 쇠붙이로 만든 동전은 가지고 다니기도, 사용하기도 편리했습니다. 동전에 익숙해지자, 사람들은 가지고 다니기 더 쉬운 종이돈(지폐)을 만들어 사용했습니다.

교환 수단의 변화

1 자급자족 생활 — 저녁으로 먹을 물고기를 잡아야지.

2 일 대 일 물물 교환 — 바꾸자!

3 교환 수단 탄생

4 화폐 발명

새로운 교환 수단이 생겨났어요

돈을 대신하는 신용 카드

1949년, 미국의 사업가 프랭크 맥나마라는 식당에서 식사를 마치고 계산을 하려고 했어요. 그런데 지갑을 두고 왔지 뭐예요. 프랭크는 식당 주인에게 잠시만 기다려 달라고 한 뒤, 얼른 지갑을 가지고 돌아왔어요. 이후 그는 돈이 없어도 식사할 수 있는 방법을 생각해 냈어요. 바로 최초의 '신용 카드'예요.

요즘 사람들은 돈보다 신용 카드를 더 많이 사용해요. 지폐를 여러 장 내는 대신 신용 카드 한 장만 내면 거스름돈을 받을 필요 없이 물건을 살 수 있으니까 아주 편리하지요.

하지만 신용 카드를 쓸 때는 신중해야 해요. 신용 카드를 쓰고 돈을 갚지 않으면 신용 불량자가 된답니다.

물건값을 치르는 새로운 방법

요즘은 스마트폰이나 가상 화폐 등으로 물건값을 치르는 경우가 많아요.

스마트폰 사용자는 사용 요금을 매월 일정한 날짜에 지불해요. 이 점을 이용하여 물건을 먼저 사고, 구매 금액을 스마트폰 사용 요금을 낼 때 함께 계산할 수 있지요.

가상 화폐로 값을 치를 수도 있어요. 네이버의 '네이버페이', 페이스북의 '페이스북 크레딧', 온라인 게임에서 사용하는 각종 게임 머니 등이 가상 화폐지요.

이 외에 마일리지를 쌓아 물건값을 대신 치를 수도 있고, 디지털 화폐로 물건을 살 수도 있어요.

이처럼 과학 기술이 점점 발달하면서 가격을 지불하는 새로운 방법이 속속 등장하고 있어요. 이 때문에 동전과 지폐 사용은 점점 줄고 있답니다.

돈은 어디서 만들까?

까비가 갑자기 손을 번쩍 들고 스마트폰을 향해 외쳤어요.
"질문 있습니다!"
그러자 현승이가 피식 웃으며 말했어요.
"까비야, 스마트폰한테는 그렇게 안 해도 돼."
"정말? 인간 세상에서는 다른 사람한테 뭔가를 물어볼 때 예의 바르게
행동해야 한다던데……."
"그야 그렇지. 하지만 스마트폰은 사람이 아니잖아.
기계한테는 궁금한 게 있으면 그냥 물어봐."

지니, 돈은 누가 어떻게 만드는지 알려 줘!

네, 우리나라의 모든 돈은 중앙은행인 한국은행에서 관리합니다. 한국은행에서는 찍어 낼 돈의 양을 결정하고, '돈을 직접 만드는 공장'인 조폐공사에서 그만큼의 돈을 찍어 내지요. 이를 **발행**이라고 합니다.

더 알아보기

중앙은행

중앙은행은 정부의 은행 역할을 해요. 우리나라의 중앙은행은 '한국은행'이에요. 한국은행은 우리나라의 경제와 돈을 관리하고, 일반은행에 돈을 빌려주는 일을 해요.

일반은행

사람들이 돈을 저축하고 대출을 받는 은행이에요. 일반은행은 중앙은행에 저축을 하고 대출을 받아요. 일반은행에 갑자기 돈이 떨어지면 중앙은행에서 긴급 자금을 지원받을 수도 있어요.

한국은행에서 발행한 돈은 어디로 가는데?

전국의 일반은행으로 옮겨집니다.
그 후, 돈은 쉴 새 없이 여러 곳을 옮겨 다닌답니다.
이렇게 돈이 계속 돌고 도는 걸 화폐의 **유통**이라고 합니다.
돈은 이렇게 유통되다가 낡으면
다시 한국은행으로 돌아가 폐기됩니다.

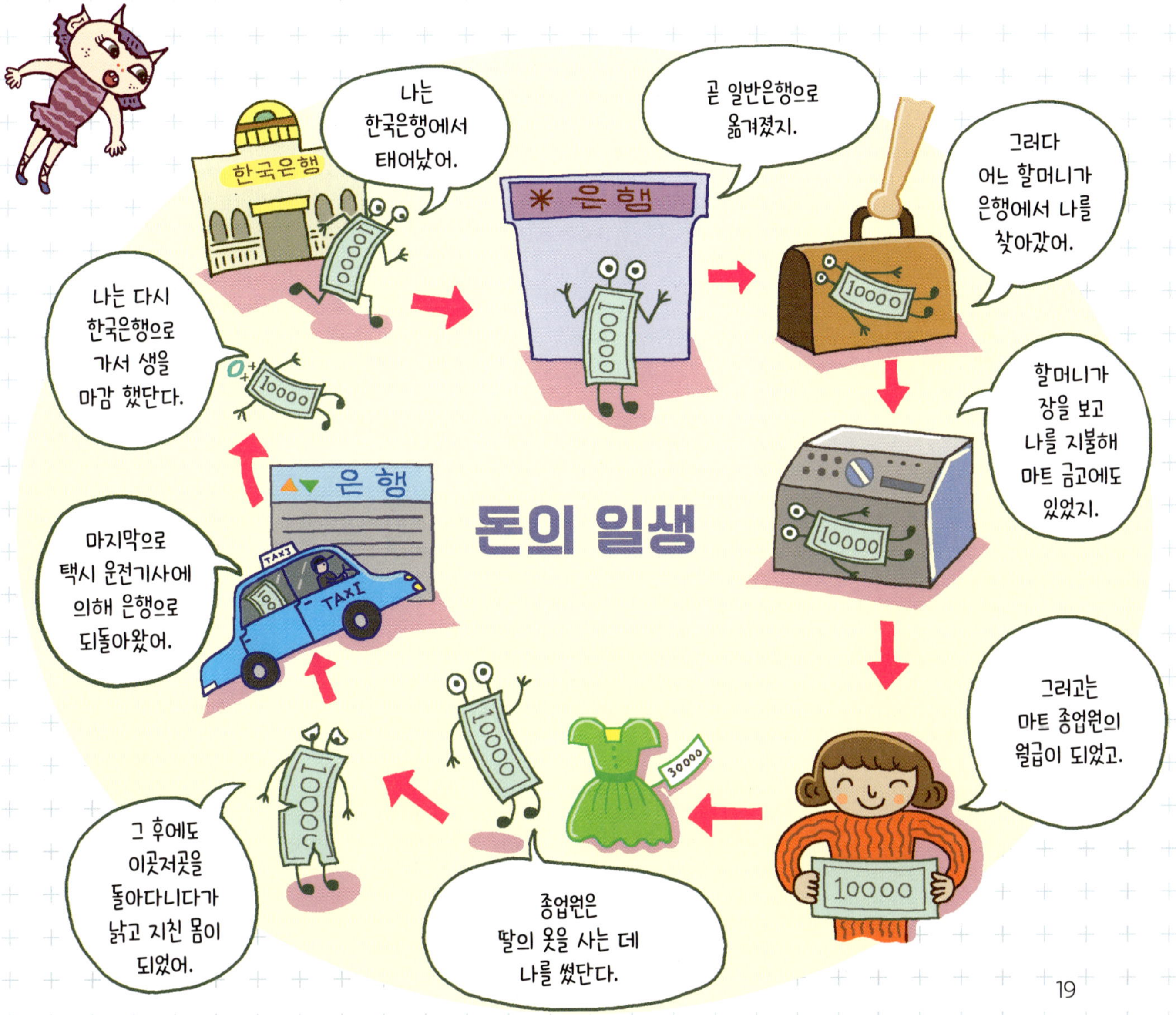

돈의 일생

- 나는 한국은행에서 태어났어.
- 곧 일반은행으로 옮겨졌지.
- 그러다 어느 할머니가 은행에서 나를 찾아갔어.
- 할머니가 장을 보고 나를 지불해 마트 금고에도 있었지.
- 그러고는 마트 종업원의 월급이 되었고.
- 종업원은 딸의 옷을 사는 데 나를 썼단다.
- 그 후에도 이곳저곳을 돌아다니다가 낡고 지친 몸이 되었어.
- 마지막으로 택시 운전기사에 의해 은행으로 되돌아왔어.
- 나는 다시 한국은행으로 가서 생을 마감 했단다.

돈의 가치는 왜 달라질까?

스마트폰 지니의 설명을 듣던 까비는 갑자기 펄쩍 뛰며 좋아했어요.

"현승아, 굳이 돈을 벌려고 고생할 필요가 없을 거 같아."

"그게 뭔 소리야?"

"한국은행에서 돈을 계속 찍어 내면 사람들이 모두 돈을 많이 가질 수 있잖아. 그러니 돈을 벌려고 노력할 필요가 없지! 역시 난 천재야."

"에이, 말도 안 되는 소리. 돈을 계속 찍어 낼 수는 없다고."

"왜?"

현승이는 답답한 표정을 지으며 말했어요.

"그건 말이지, 흠흠. 내가 너무 전문적으로 설명하면 네가 못 알아들을 거 아니야? 그러니까 그냥 지니한테 물어보자."

 지니, 돈을 왜 마구 찍어 내면 안 되는지 알려 줘.

시장에서 유통되는 돈이 많아지기 때문입니다. 그러면 돈이 너무 흔해져서 가치가 떨어지고, 돈의 가치가 떨어지면 물가가 올라갑니다.

 아이쿠, 그게 무슨 말이야? 좀 더 쉽게 설명해 줄 수 있니?

예를 들어 보겠습니다. 제1차 세계대전이 끝난 후 독일은 전쟁 배상금을 갚으려고 돈을 마구 찍어 냈습니다. 그러자 시장에는 돈이 흘러넘쳤습니다. 이때 어떤 사람은 월급을 커다란 수레 세 개에 가득 받았다고 합니다. 돈을 많이 받았으니까 그 사람은 큰 부자가 됐을까요?

 응, 당연하지. 돈이 수레 세 개에 가득 있으면 도대체 얼마인 거야. 우아, 부럽다.

전혀 부러워할 필요가 없답니다. 그 사람은 엄청 신이 나서 그 길로 시장에 달려갔습니다. 그런데 물건값이 1000배가 오른 게 아니겠어요. 그래서 빵 몇 개를 사는 데 수레에 한가득 담길 정도의 돈을 다 써야 했답니다.

헉! 돈의 가치가 왜 그렇게 떨어진 거야?

돈을 너무 많이 찍어 내면 물건값도 그만큼 오릅니다. 예를 들어 감자튀김 가격이 1,000원이라고 해 보죠. 그런데 나라에서 돈을 많이 찍어 내 시중에 돈이 너무 많으면 감자튀김 가격은 10,000원으로 오릅니다. 즉 시중에 돈이 너무 많이 돌아다니면 물가가 하늘 높은 줄 모르고 치솟죠.

아, 그러니까 돈의 가치는 금액의 크기로 정해지는 게 아니구나.

그렇습니다. 돈의 가치는 액수가 아니라 무엇을 얼마나 살 수 있는가 하는 **구매력**으로 결정됩니다. 즉 10,000원이라는 돈의 가치는 고정되어 있는 게 아니고, 그 돈으로 어떤 물건을 살 수 있느냐에 따라 정해지죠. 그래서 한국은행에서는 시중에 유통되는 돈의 양(통화량)을 적절하게 조절합니다. 자, 이제 돈을 마구 찍어 내면 왜 안 되는지 이해하셨나요?

응, 이해했어. 괜히 좋다 말았네.

'돈의 양'을 조절하는 한국은행!

'돈의 가치'를 부탁해.

한국은행은 통화량을 어떻게 조절할까?

지니의 설명이 끝나자 현승이는 거드름을 피우며 말했어요.
"그래! 이게 내가 하려던 말이야. 까비야, 알겠지?"
"응, 근데 한국은행은 통화량을 어떻게 조절해?
현승아, 이 정도는 너도 알지?"
까비의 말에 현승이의 눈빛이 크게 흔들렸어요.
"다, 당연히 알지. 그, 근데 갑자기 왜 이렇게 목이 잠기지?
콜록콜록! 감기가 왔나. 콜록콜록! 까비야, 일단 지니한테 물어보고 있어.
나 감기약 좀 먹고 올게."

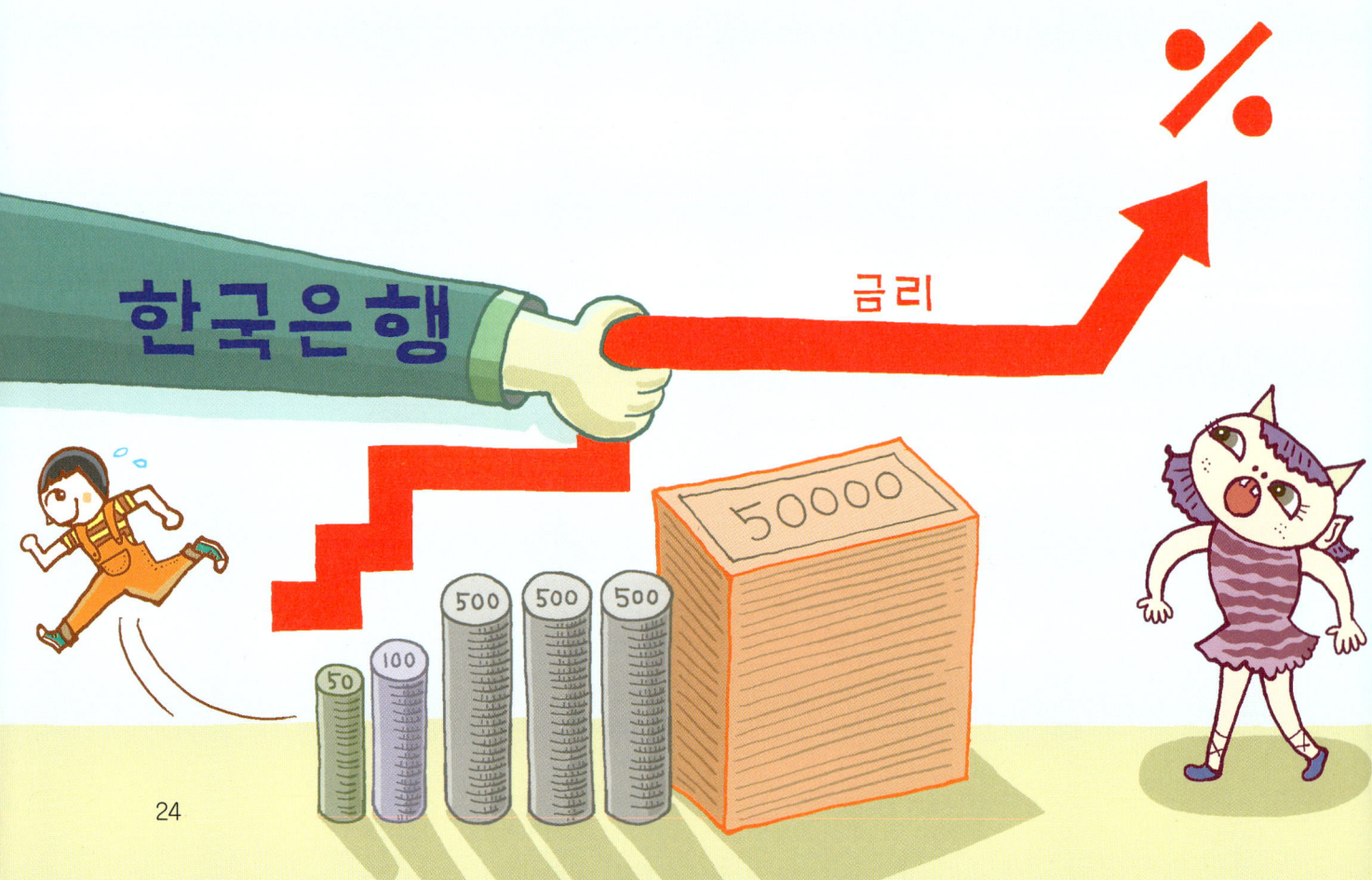

지니, 한국은행은 어떻게 **통화량**을 조절해?

혹시 '한국은행이 **기준 금리**를 조정했다'라는 이야기를 들어 본 적 있습니까?

아니, 난 뉴스를 한 번도 본 적이 없어.

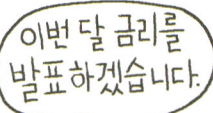
이번 달 금리를 발표하겠습니다.

아, 그렇군요. 그럼 기본부터 설명하겠습니다. 우선, 금리는 이자를 말합니다. 우리가 은행에 예금할 때는 금리가 매우 중요합니다. 누구나 같은 돈을 저축하고 더 많은 이자를 받고 싶어 하니까요.

더 알아보기

통화량
시중에 돌아다니는 돈의 양을 말해요.

이자
돈을 빌려 쓴 대가로 치르는 일정한 비율의 돈을 말해요. 은행에 저금한 대가로 받는 돈은 '예금 이자', 반대로 은행에서 돈을 빌리는 사람이 빌리는 대가로 내야 하는 돈을 '대출 이자'라고 합니다.

 금리는 누가 정해?

 한국은행은 한 달에 한 번씩 금리의 기준을 정해서 발표합니다. 이때 한국은행에서 기준 금리를 올리면 다른 일반은행에서도 금리를 올리지요. 한국은행에서 금리를 올리면 어떤 일이 벌어질까요?

 나한테 물어보지 말고 쭉 설명해 주면 안 될까?

 네, 알겠습니다. 금리가 올라가면 사람들은 이자를 더 많이 받기 위해 저축을 늘립니다. 반대로 이자를 더 많이 내야 하니 대출은 줄입니다. 이러면 소비가 줄어듭니다. 돈을 잘 안 쓰는 것이죠. 결국 시중에 돌아다니는 돈이 적어지겠지요?

 음, 정말 그렇겠네.

 반대로 한국은행이 기준 금리를 내리면 사람들은 이자를 덜 내도 되니까 은행에서 돈을 많이 빌려 씁니다. 빌린 돈으로 집이나 물건을 사고, 소비를 늘리지요. 그러면 시중에 돈이 많이 돌아다니게 됩니다.

아하, 그러니까 한국은행은 기준 금리로 통화량을 조절하는구나.

그렇습니다. 한국은행은 사람들이 돈을 펑펑 써서 시중에 돈이 많으면(통화량이 많아지면) 금리를 올려서 사람들이 은행에 저금하게 합니다. 그러면 시중에 돈이 줄어들지요. 반대로 사람들이 돈을 안 써서 시중에 돈이 너무 적으면(통화량이 줄어들면) 금리를 내려서 사람들이 은행에서 돈을 빌려 쓰게 합니다. 그러면 시중에 돌아다니는 돈이 늘어납니다.

시중에 돈이 많으면 금리 인상!

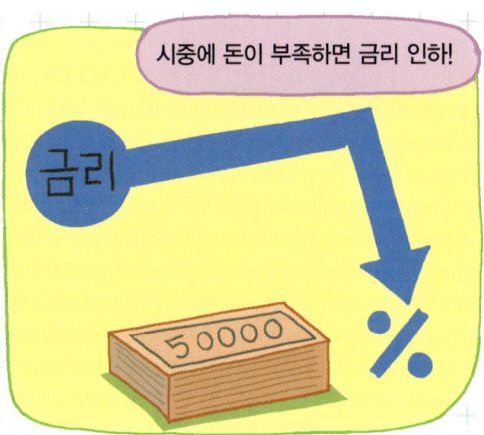

시중에 돈이 부족하면 금리 인하!

금리가 내려가면 엄마가 장난감도 많이 사 주시겠네.

나라마다 다른 돈

그때 갑자기 스마트폰 화면이 꺼졌어요.

"어어, 왜 이러지? 갑자기 얘가 사라졌네. 야! 어디 갔어?"

까비가 소리를 지르는데 현승이가 달려왔어요.

"까비야, 그런다고 켜지는 게 아니야. 배터리가 다 닳아서 그래."

까비가 입맛을 다시며 아쉬워했어요.

"쩝, 아직 물어볼 게 더 있는데……."

"뭔데?"

"모든 나라의 돈이 다 똑같은지 물어보려고 했지."

"아, 그건 내가 잘 알아. 잠깐만, 직접 보여 줄게."

현승이 아빠는 전 세계를 돌아다니며 무역을 해요.
그래서 집에 여러 나라의 화폐가 있어요.

"세계 여러 나라는 각각 다른 화폐를 사용해. 화폐를 나타내는 기호도 다 다르고."

"현승아, 왜 나라마다 돈이 다른 거야?"

까비의 질문에 현승이는 또 기침을 했어요.

"콜록콜록! 아유, 갑자기 기침이 또……."

그러자 까비는 고개를 절레절레 흔들었어요.

"됐어. 돈한테 직접 물어보는 게 빠르겠다."

까비의 말에 현승이가 눈을 동그랗게 뜨고 물었어요.

"돈한테 직접 묻다니? 돈이 어떻게 말을 해?"

까비가 주머니에서 빨간 봉투를 꺼내며 말했어요.

"이 빨간 마법 가루를 뿌리면 돈도 사람처럼 만들 수 있어."

국가	통화 기호	통화명	약어	국가	통화 기호	통화명	약어
한국	₩	원	KRW	필리핀	₱	필리핀 페소	PHP
미국	$	달러	USD	호주	$ 또는 A$	호주 달러	AUD
일본	¥	엔	JPY	카자흐스탄	₸	텡게	KZT
중국	¥	위안	CNY	브라질	R$	브라질 헤알	BRL
영국	£	파운드	GBP	체코	Kč	코루나	CZK
유럽 연합	€	유로	EUR	인도네시아	Rp	루피아	IDR
인도	₹	루피	INR	이스라엘	₪	세켈	ILS

세계의 화폐 단위

"지, 진짜?"

까비가 빨간 가루를 뿌리자 정말 놀라운 일이 벌어졌어요.

세상에! 돈이 벌떡 일어나더니 인사를 하지 뭐예요.

"까비님, 안녕하세요?"

현승이는 너무 놀라 벌어진 입을 다물지 못했어요.

"스마트폰 속 인공 지능하고만 대화가 되는 줄 알았는데, 지폐와 말을 나눌 수 있다니!"

까비는 현승이가 놀라든 말든 상관하지 않고 돈과 대화를 이어 나갔어요.

"앞으로 너를 머니라고 부를게. 괜찮지?"

"네, 까비님!"

"난 도깨비 숲에서만 살다 와서 인간 세상에 대해 잘 몰라. 앞으로 네가 날 좀 잘 가르쳐 주면 좋겠다."

"네, 까비님! 전 인간 세상을 이곳저곳 돌아다녔기 때문에 돈에 대해서라면 뭐든 잘 압니다. 제가 돈이니까요. 하하하!"

머니야, 왜 나라마다 돈이 다 다르니?

나라마다 경제 상황이나 역사, 문화가 달라요. 그래서 다른 화폐를 사용하지요.

그럼 미국 가서 물건을 살 때는 미국 돈을 내고, 일본 가서 물건을 살 때는 일본 돈을 내야겠네.

네, 그래서 미국 여행 갈 때 우리나라 돈을 미국 돈으로 바꿔야 하는데, 그걸 **환전**이라고 합니다. 예를 들어 미국 돈 1달러에 우리나라 돈 몇 원으로 바꾸는 식이지요.

아 그럼, 우리나라 돈 1,000원을 주면 미국 돈 1,000달러로 바꿔 주는 게 아니야?

하하하, 그럼 얼마나 좋겠습니까만, 환전할 때는 각 나라 돈의 가치를 반영한 비율인 **환율**에 따라야 합니다.

 머니야, 환율은 항상 똑같니?

 아닙니다. 환율은 여러 가지 경제 상황에 따라 매일 오르락내리락하며 조금씩 바뀝니다.

환율의 비밀을 알려 줄게요

수요·공급의 원리에 의해 정해지는 환율

환율은 수요와 공급에 따라 항상 오르락내리락해요. 오늘 달러당 원 환율이 1,000원이라면 우리나라 돈(원화) 1,000원으로 미국 돈 1달러를 바꿀 수 있어요. 원화가 필요한 사람이 많아지면 원화가 상대적으로 비싸져요. 그렇게 되면 900원으로 1달러를 바꿀 수 있어요. 이런 경우 '환율이 떨어졌다'라고 해요. 반대로 원화가 필요한 사람이 적어지면 우리나라 돈의 가치는 떨어져요. 그렇게 되면 이제 1,100원을 줘야 1달러를 바꿀 수 있지요. 이 같은 경우 '환율이 올랐다'라고 해요.

환율에 따라 달라지는 수출과 수입

환율이 1달러에 1,000원이었는데 900원이 되었어요. 그동안 1,000원을 주고 연필 하나를 수입했던 기업은 이제 900원에 연필 하나를 사 올 수 있어요. 즉, 환율이 떨어지면 수입하는 기업은 돈을 적게 내고 똑같은 양의 물건을 수입해 올 수 있죠.

반면 수출 기업은 환율이 떨어지면 손해를 봐요. 예를 들어 그동안 1,000원을 받고 공책 한 권을 수출했는데, 환율이 떨어져 1달러에 900원이 된 거예요. 그럼 공책 한 권을 900원만 받고 팔아야 하니까 손해가 크겠죠?

이처럼 환율은 수출과 수입에 큰 영향을 끼친답니다.

까비의 시장 대탐험

다양한 시장의 종류

까비는 현승이네 집에서 며칠 지내다 보니 불편한 게 한두 가지가 아니었어요. 인간 세상으로 내려올 때 아무것도 가져오지 않았거든요.
옷도 한 벌밖에 없어서 며칠 동안 빨래도 하지 못했어요.
"킁킁, 이게 무슨 냄새지? 어디서 쉰내가 나는데……."
현승이가 코를 벌름거리며 킁킁대는 바람에 까비는 얼굴이 새빨개졌어요.

"아무래도 까비한테서 나는 냄새 같은데. 갈아입을 옷이 필요하겠는걸."

그 모습을 보고 현승이가 까비에게 말했어요.

"옷을 사려면 돈이 있어야 하는데, 까비야, 너 돈 없니?"

"응."

"그럼 혹시 돈으로 바꿀 만한 것도 없니?"

까비는 곰곰이 생각하다 노란 주머니를 꺼냈어요.

"도깨비 숲에서 주워 온 건데, 이걸 돈으로 바꿀 수 있을까?"

"우아, 금가루잖아! 진짜 금이라면 금 거래소에 가서 돈으로 바꿀 수 있어. 그걸로 필요한 물건부터 사는 게 좋겠어."

까비는 금 거래소에서 금가루를 돈으로 바꾸었어요. 많지는 않지만 필요한 물건을 살 수 있을 정도는 됐어요.

"근데 어디로 가지?"

"그야 당연히 시장에 가야지. 근데 까비야, 너 어떤 시장에 가고 싶어?"

"시장? 그게 뭔데?"

"음…… 뭐라고 설명하지? 대형 할인점, 백화점, 슈퍼마켓, 편의점. 그런 건데……"

"일단 시장이 뭔지 조사해야겠어. 현승아, 스마트폰 좀 잠깐 빌려줄래?"

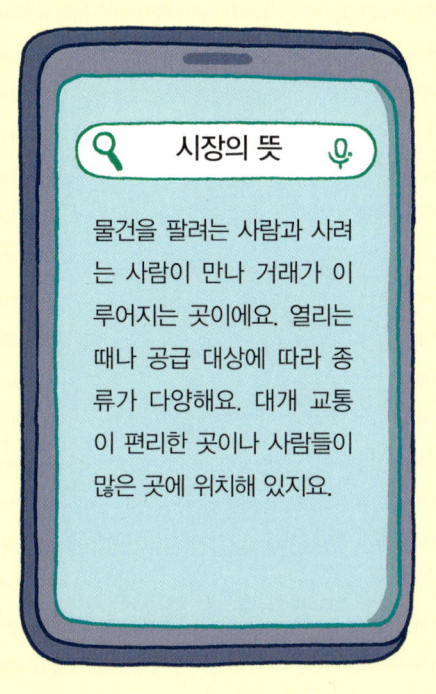

"종류가 다양하다고? 좀 더 자세히 알아야 어떤 시장에서 물건을 살지 결정할 수 있을 거 같아."

까비가 다시 검색 창에 '시장은 어떻게 구분하나요?'라고 치자, 여러 가지 정보가 나타났어요.

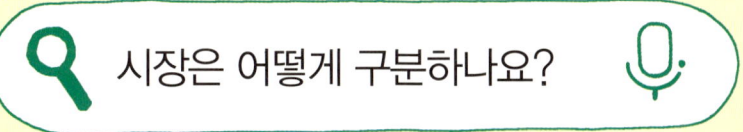

그중 까비는 '열리는 때에 따른 시장의 구분'과 '공급받는 대상에 따른 시장의 구분'이라는 제목을 클릭해 봤어요.

열리는 때에 따라 시장을 구분해 보아요

정기 시장 vs 상설 시장

정기 시장
정해진 기간에만 열린다. 시장이 열리는 주기는 지역마다 차이가 있지만, 오일장이 대표적이다. 요즘에는 점차 사라지고 있다.

상설 시장
같은 자리에 날마다 서는 시장을 말한다. 대형 마트, 백화점, 재래시장 등이 대표적이다.

대형 마트나 백화점
오늘날 새롭게 등장한 시장으로, 생산자에게 물품을 대량 구매하여 소비자에게 판매한다. 각 층마다 비슷한 물건을 파는 상점들이 모여 있다. 품질 좋은 물건이 보기 좋게 진열되어 있어 장을 보기 편하지만, 정찰제로 물건을 판매한다.

재래시장
예전부터 있던 전통 시장으로, 여러 종류의 물건을 판매한다. 물건값이 대체로 싸고, 흥정할 수 있다.

정찰제 제조사나 수입처 등에서 최초로 정한 정가대로 판매하는 제도를 말해요.

공급받는 대상에 따라 시장을 구분해 보아요

도매 시장 vs 소매 시장

도매 시장
'도매'란 생산자에게 많은 양을 사 와서 파는 것을 말한다. 도매로 물건을 사 와서 싼값에 파는 사람을 '도매상인'이라고 하며, 도매로 물건을 파는 시장은 '도매 시장'이라고 한다. 서울의 가락동 농수산물 종합도매시장이나 노량진 수산 시장 등이 대표적이다.

소매 시장
도매 시장에서 묶음으로 사 온 물건을 소량으로 나눠서 파는 것을 '소매'라고 한다. 소매로 물건을 파는 사람을 '소매상인'이라고 하고, 소매로 물건을 파는 시장을 '소매 시장'이라고 한다. 개인 소비자들이 이용하는 시장은 대부분 소매 시장이다.

인터넷 쇼핑의 특징

까비는 검색한 정보를 다 읽은 뒤, 손가락을 탁 튕겼어요.

"그래, 결심했어! 재래시장에 가서 필요한 물건을 사는 게 좋겠어."

"재래시장? 여기서 좀 먼데……. 그냥 집 앞 편의점에서 사면 안 될까?"

까비는 세차게 고개를 가로저었어요.

"안 돼!"

"왜 꼭 재래시장에 가려고 하는데?"

까비는 스마트폰 화면을 손가락으로 가리키며 말했어요.

"여기 봐. 재래시장은 흥정해서 가격을 깎을 수도 있다고 적혀 있잖아. 난 꼭 재래시장에 가서 싼값에 물건을 살 거야."

"아하, 가격 때문이구나. 난 또 뭐라고. 그럼 그냥 인터넷에서 사."

"인터넷?"

"그래, 요즘은 인터넷으로 장을 보는 사람들이 엄청 많아."

현승이는 멀리 떨어진 재래시장에 가고 싶지 않았어요. 재래시장에서 물건을 사려면 많이 걸어 다녀야 하는데, 그것도 귀찮았지요. 그래서 인터넷 쇼핑을 적극적으로 추천했어요.

까비는 잠시 고민하다 다시 스마트폰을 빌렸어요.

"잠깐만! 인터넷 쇼핑이 뭔지 일단 검색해 보고 결정할게."

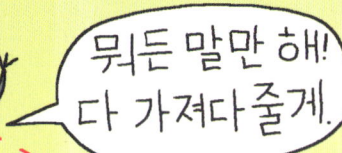

"뭐든 말만 해! 다 가져다 줄게."

그러자 엄청나게 많은 정보가 쏟아졌어요.

"우아, 인간들은 정말 인터넷 쇼핑을 많이 하나 보구나."

까비는 '텔레비전 홈쇼핑, 인터넷 쇼핑의 장단점'이라는 글 제목을 눌렀어요.

현승이는 인터넷 쇼핑의 편리함에 대해 입에 침이 마르도록 떠들었어요.

"사고 싶은 물건을 이렇게 클릭만 하면 끝! 2~3일 있으면 문 앞까지 배달해 줘. 엄청 편리하지! 게다가 가격도 싸. 그러니까 우리 그냥 집에서 편하게 인터넷으로 쇼핑하자."

"난 그래도 재래시장이 더 마음에 드는데……."

텔레비전 홈쇼핑, 인터넷 쇼핑의 장단점

구매 방식: 직접 시장에 가지 않고 텔레비전, 인터넷 등을 이용해 물건을 구입한다.

특징: 기업과 소비자가 직접 만나는 형태여서 상설 시장에 비해 값이 비교적 싼 편이다.

장점: – 언제 어디에서든지 쉽게 물건을 주문하고, 구매할 수 있다.
– 물건을 사기 위해 여러 곳을 직접 돌아다니지 않아도 된다.

단점: – 구매한 물건을 받으려면 며칠 기다려야 한다.
– 물건을 직접 보거나 만져 볼 수 없다.

까비가 끝까지 고집을 부리자 현승이가 짜증을 냈어요.

"아니, 왜? 인터넷으로 사면 더 싸다니까. 너 싸게 사고 싶다며?"

그러자 까비가 스마트폰 화면을 손가락으로 가리키며 말했어요.

"현승아, 여길 읽어 봐! 인터넷 쇼핑은 물건을 직접 만져 볼 수가 없다잖아.

도깨비는 뭐든 직접 만져 봐야 그 물건의 값어치를 알 수 있거든. 난 무조건 재래시장에서 물건을 살 거야."

현승이는 한참 동안 까비를 째려보다 포기한 듯 말했어요.

"끄응, 알았어. 재래시장으로 가자!"

> 한 걸음 더!

왜 시장마다 물건값이 다를까요?

유통 과정이 복잡할수록 가격이 비싸져요

유통 과정은 매우 다양해요. 도매 시장을 통해 물건이 유통되기도 하고, 인터넷 쇼핑 같은 통신 판매를 거쳐 유통되기도 해요. 또 생산자가 소비자를 직접 만나 물건을 팔기도 하지요. 이처럼 물건은 다양한 통로를 거쳐 소비자에게 전해져요.

생산자가 만든 물건이 소비자에게 전달되기까지의 모든 과정을 '유통'이라고 해요. 그런데 유통 과정이 복잡할수록 물건 가격은 점점 비싸져요. 물건을 옮기는 운반비, 물건을 창고에 보관하는 보관비, 그리고 물건을 중개하는 중개인의 중개비까지 덧붙어서 물건값이 점점 올라가지요. 이 때문에 각 시장마다 물건값이 다르답니다.

물건을 싸게 사는 방법은 없을까요?

생산자도 손해를 보지 않고 소비자도 싼 가격에 물건을 살 수 있는 방법이 있을까요? 그건 생각보다 어렵지 않아요. 중간 유통 과정을 없애면 되지요. 유통이 복잡해질수록 이윤을 가져가는 사람이 늘어나 가격이 오르니까요.

생산자와 소비자가 직접 거래하면 유통 비용이 줄어 가격이 가장 저렴하겠지요? 이처럼 중개 상인을 거치지 않고 살 사람과 팔 사람이 직접 거래하는 것을 '직거래'라고 해요.

최근에는 인터넷이 발달하면서 홈쇼핑, 공동 구매 같은 형태로 직거래가 이루어져요.

생산자와 소비자 직거래

소매상을 통한 유통

도매상을 통한 유통

도매상과 소매상을 모두 거친 유통

주문을 통한 유통

다양한 유통 경로

현명한 소비자가 되는 법

"우아, 시장에는 없는 게 없구나. 뭐부터 사야 하지?"
재래시장에 도착한 까비는 눈을 휘둥그레 뜨고서 이것저것 둘러보기 시작했어요.
그때 누군가가 광고지를 나눠 줬어요.

까비는 광고지를 보자마자 팬티 가게로 들어갔어요.

"마침 잘 됐다. 벌써 일주일째 팬티를 안 갈아입어서 찝찝했었는데."

까비는 현승이가 말릴 틈도 안 주고, 팬티 열 장을 사 버렸어요.

현승이는 까비가 산 팬티를 보더니 인상을 찌푸렸어요.

"야, 이건 아기 팬티잖아! 너한테 맞는 사이즈도 아닌 걸 왜 산 거야? 물건을 살 때는 자기에게 맞는지부터 따져 봐야지!"

현승이는 인적이 뜸한 골목으로 까비의 손을 잡아끌었어요.

"까비야, 지금처럼 물건을 마구 사면 바꾼 돈을 금방 다 쓸 거야. 너도 그걸 바라진 않지?"

까비는 말없이 고개만 끄덕였어요.

"좋아! 그럼 일단 게임으로 경험해 보자. 그런 다음 필요한 물건을 사도 늦지 않잖아?"

"게임? 내기 같은 거지? 좋아! 우리 도깨비들은 그런 거 엄청 좋아해."

현승이는 스마트폰에서 〈현명한 소비자 되기〉라는 퀴즈 게임 앱을 다운받아, 스마트폰을 까비에게 넘겼어요.

이 게임은 레벨 3단계까지 있습니다.
모든 레벨을 통과하면 당신도 '소비 고수'!
'게임 시작' 버튼을 눌러 주세요.

까비는 자신만만한 표정으로 버튼을 꾹 눌렀어요.

게임 시작

OX 퀴즈입니다.
같은 물건을 계속 사거나, 같은 음식을 계속 먹으면
만족감은 줄어든다.

까비는 주저 없이 동그라미를 눌렀어요.

딩동댕! 정답입니다. 아무리 처음에는 먹고 싶고, 갖고 싶었어도 그 재화가 너무 많아지면 싫증을 느낍니다. 이걸 조금 어려운 말로 **한계 효용 체감의 법칙**이라고 합니다.

까비가 '다음 문제' 버튼을 눌렀어요.

다음 문제

집에 생필품이 하나도 남지 않았습니다. 시장에 가서 물건을 사 와야 합니다. 어떻게 사는 게 현명할까요?

까비는 피식 웃더니, 2번을 꾹 눌렀어요.

② 꼭 필요한 것부터 산다.

딩동댕! 정답입니다. 꼭 필요한 것을 샀을 때 만족감이 가장 큽니다. 꼭 필요한 것부터 사는 습관을 들이면 합리적인 소비를 할 수 있습니다.

까비는 의기양양하게 '다음 문제' 버튼을 꾹 눌렀어요.

다음 문제

주관식 문제입니다.
물보다 금이 훨씬 비쌉니다. 왜 금이 더 비쌀까요?

까비는 망설이기 시작했어요.

정답: _

째깍! 째깍! 시계 소리가 유난히 크게 들렸어요.

까비는 고개를 연신 갸웃거렸어요.

곧 "5, 4, 3, 2, 1, 땡!" 하는 소리가 흘러나왔어요.

까비는 아쉬워하며 '정답 확인' 버튼을 눌렀어요.

정답 확인

정답은 '원하는 사람에 비해 금의 양이 적기 때문'입니다.
사람은 금이 없어도 살 수 있지만, 물이 없으면 살지 못합니다.
그런데도 물이 금보다 훨씬 쌉니다.
물은 **희소성**이 없고 금은 희소성이 있기 때문입니다.
그런데 이런 재화의 희소성은 상대적입니다.
예를 들어 환경 오염으로 마실 수 있는 물이 줄어들면,
물은 희소성이 생깁니다.
그렇게 되면 미래에는 금보다 물이 더 비싸질 수도 있습니다.

까비가 몹시 아쉬워하자 현승이가 말했어요.

"까비야, 3단계 문제 하나만 더 풀어 봐. 맞히면 통과한 걸로 인정해 줄게."

현승이의 말이 끝나기가 무섭게 까비는 '재도전' 버튼을 눌렀어요.

재도전

다음 중 현명한 소비 생활을 하지 <u>않은</u> 친구는 누구일까요?
① 서영: 예상치 못한 일을 대비하기 위해 용돈 일부를 저축하고 있어.
② 태은: 선택 기준을 세우고 그 기준에 맞는 물건을 골라.
③ 예솔: 난 좋아하는 건 무조건 사고 봐.
④ 철민: 난 살 물건의 가격과 정보를 미리 확인해.

까비는 잠시 고민하다 3번 버튼을 눌렀어요.

③ 예솔: 난 좋아하는 건 무조건 사고 봐.

딩동댕! 정답입니다.
미리 계획을 세워, 꼭 써야 할 곳에 돈을 쓰는 게
바로 똑똑한 소비 생활입니다.
당신을 '소비 고수'로 인정하겠습니다.

게임 종료

까비는 스마트폰을 현승이에게 돌려주며 어깨를 으쓱했어요.
"어때! 깔끔하게 통과했지?"
"뭐, 어쨌든 통과했으니까 이제 쇼핑해도 될 거 같아."
"좋았어!"

합리적 소비에 대해 알아보아요

왜 합리적 소비를 해야 할까요?

아무 물건이나 사면 여러 가지 문제에 부딪혀요. 물건을 비싸게 샀다는 걸 나중에 알면 자신의 선택을 후회할 수 있어요. 물건의 디자인이나 기능이 마음에 들지 않아 후회할 수도 있고요. 또 물건이 쉽게 고장 나서 다시 사거나 고치는 데 비용이 더 들어갈 수도 있지요.

이런 일을 겪지 않으려면 물건을 살 때 합리적인 소비를 해야 해요. 합리적 소비란 적은 비용으로 가장 큰 만족을 얻도록 하는 소비를 말해요.

합리적 소비를 할 때 고려해야 할 점

1. 어떤 물건을 살지 결정해요.

2. 물건을 살 때 고려해야 할 선택 기준을 세워요.

3. 가장 중요하게 생각하는 선택 기준을 고려해 결정을 내려요.

4. 선택 기준에 따라 물건에 점수를 매기고, 가장 높은 점수를 얻은 물건을 고르는 것도 한 방법이에요.

가치 소비가 무엇일까요?

가치 소비란 자신이 원하는 가치를 포기하지 않고, 가격이나 만족도 등을 꼼꼼히 따져 소비하는 것을 말해요. 예를 들어 더 비싸더라도 유기농 식품을 구입하거나, 공정 무역* 초콜릿을 구매해서 인권 보호에 도움을 주는 소비가 바로 가치 소비예요.

가치 소비를 중요하게 생각하는 소비자들은 물건 하나를 사더라도 광고나 남의 말에 휘둘리지 않고 자신의 가치 판단에 따라 합리적으로 구매해요. 요즘은 이렇게 자신이 추구하는 가치를 지키면서 합리적으로 소비하는 사람이 늘어나고 있어요.

공정 무역 생산자가 원가와 생계비를 보장받을 수 있는 합리적인 가격을 내고 물건을 사는 무역을 말해요.

둘 중 하나만 선택해야 해요

까비는 합리적인 기준을 세워 본격적으로 쇼핑을 시작했어요.
"자, 그럼 가장 필요한 물건부터 사자. 칫솔, 갈아입을 옷, 이불, 신발 등이 필요하니까 먼저 신발 가게부터 가는 거 어때?"
까비는 신발 가게에서 신발을 사고, 슈퍼에서 칫솔과 치약을 샀어요. 그리고 옷 가게에서 옷을 한 벌 사고, 이불 가게에서 침낭 하나를 구입했지요.
쇼핑을 끝내고 집으로 돌아가려는데 배에서 꼬르륵 소리가 나지 뭐예요.

"현승아, 배고픈데 우리 뭐 좀 먹고 가자."

"그래. 뭐가 먹고 싶은데?"

"글쎄…… 떡볶이도 맛있어 보이고, 메밀묵도 맛있어 보이는데."

"뭘 고민해. 둘 다 먹으면 되지."

"나도 그러고 싶은데, 지금 돈이 3,000원밖에 안 남았어."

"쩝, 그럼 둘 중에 하나만 먹어야지 뭐."

까비의 표정이 심각해졌어요.

"우리 도깨비들은 메밀묵을 엄청 좋아해. 그런데 인간들이 좋아하는 떡볶이가 어떤 맛인지도 엄청 궁금하단 말이야. 아, 어떡하지……?"

까비가 계속 결정을 내리지 못하자 머니가 나섰어요.

"그동안 까비님은 도깨비 방망이로 모든 걸 해결했기 때문에 둘 중 하나만 선택해야 하는 상황이 익숙하지 않으실 거예요. 하지만 인간 세상에서는 여러 선택지 가운데 하나만 골라야 하는 상황에 매일 맞닥뜨리게 돼요. 그리고 선택 과정에서 기회비용이 생기는 건 어쩔 수 없어요."

"기회비용? 그건 또 뭔데?"

"둘 중 하나만 선택하고, 하나는 포기해야 하는 경우 포기한 것의 대가를 기회비용이라고 해요. 만화의 꼬마 로봇처럼요."

"그럼 지금 내가 떡볶이를 사 먹는다면, '메밀묵'이 기회비용이겠네?"

"그렇죠!"

"흠, 그럼 둘 중 하나를 어떤 기준으로 선택해야 해?"

"그야 만족도가 높은 쪽이죠. 까비님이 고른 것의 만족도가 포기한 것의 만족도보다 클 때 잘 선택했다고 말할 수 있습니다. 예를 들어 떡볶이가 너무 맛있어서 후회가 없다면 현명한 선택을 했다고 말할 수 있죠."

"아하, 그렇구나."

가격을 정하는 법칙

까비가 우울한 표정으로 말했어요.

"가진 돈이 점점 줄어들고 있어. 돈이 더 필요한데, 뭘 해서 돈을 벌지?"

까비의 말에 현승이는 눈만 껌벅였어요. 사실 현승이도 돈을 어떻게 벌어야 하는지 몰랐거든요.

머니가 조심스럽게 입을 열었어요.

"까비님, 제가 한 말씀 드려도 될까요?"

"응, 뭔데?"

"장사를 해 보면 어떨까요? 돈을 벌려면 일을 해야 하는데, 까비님이 인간 세상에서 직장에 다니긴 좀 힘들잖아요. 생김새도 많이 다르고, 인간 세상이 어떻게 돌아가는지도 잘 모르니까요."

"그건 그렇지. 그런데 어떤 장사를 해야……."

"혹시 잘 만드는 요리 없나요?"

"나, 호떡이라면 좀 자신 있는데."

"그럼 현승이가 다니는 대한 초등학교 앞에서 호떡 장사를 해 보면 어떨까요? 노점은 돈도 크게 안 드니까 지금 까비님이 가진 돈으로 시작할 수 있을 겁니다."

까비는 손뼉을 짝짝 치며 좋아했어요.

"그래! 좋은 생각이다. 지금 당장 시작하자."

까비가 팔을 걷어붙이고 나서자 머니가 말렸어요.

"까비님, 잠시만요. 장사는 의욕만으로 되는 게 아니에요."

"그럼?"

"장사를 하려면 우선 시장 경제가 어떻게 돌아가는지 잘 알아야 해요."

"나도 이제 인간 세상에 적응해서 어느 정도 아는데?"

"정말 그런지 제가 한번 테스트해 볼까요?"

"좋아, 어디 한번 해 봐."

생산 활동의 의미와 종류

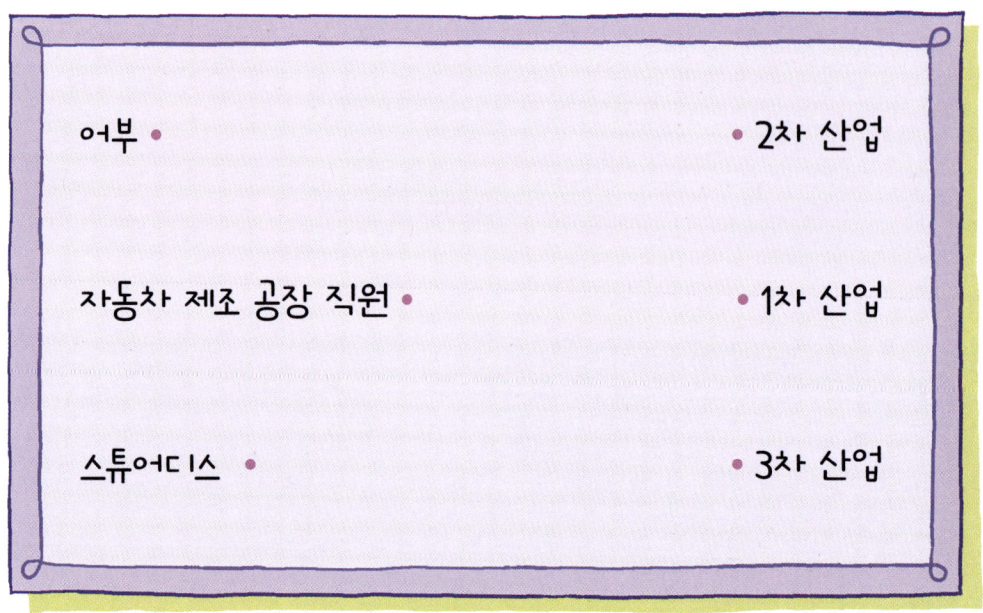

"인간 세상에서 무엇인가를 만들어 내는 일을 **생산 활동**이라고 하는데요. 생산 활동은 크게 1차, 2차, 3차 산업으로 나눌 수 있어요. 위의 직업은 각각 몇 차 산업에 속할까요?"

1차 산업   2차 산업   3차 산업

"**1차 산업**은 바다, 산, 들판 같은 자연에서 재화를 생산하는 활동이에요. 농업, 임업, 어업 등이 1차 산업에 해당해요. 1차 산업의 생산품들을 재료로 공장에서 다른 재화를 만들어 내는 것을 **2차 산업**이라고 해요. 물건을 만드는 제조업, 건물을 짓는 건설업 등이 2차 산업에 해당해요. **3차 산업**은 물건이 아니라 서비스를 생산해요. 예를 들어 시장 상인, 선생님, 간호사, 의사, 버스 운전기사, 보험 설계사, 관광 가이드 등이 모두 3차 산업에 종사하는 사람들이에요."

"자, 그럼 다음은 OX 문제입니다. 3초 안에 답을 말해 주세요.
같은 물건을 파는 상점끼리 경쟁하면 물건을 사는 소비자는 물건을 싸게
구입할 수 있다. 맞으면 O, 틀리면 X! 자, 1초, 2초……."

"딩동댕! 장사하는 사람들은 자신의 이익을 위해 서로 다른 곳보다 더 싸게
파는 '가격 경쟁'을 하지요. 그로 인해 소비자는 보다 낮은 가격에 물건을
구입할 수 있어요.

또 기업은 더 나은 품질과 디자인을 갖춘 상품을 만들기 위해 '품질 경쟁'을
해요. 그 결과 소비자는 디자인도 좋고 기능도 다양한 상품을 구입할 수
있지요.

그리고 더 친절하고 좋은 서비스를 제공하기 위해 '서비스 경쟁'을 하기도 하고, 판매하는 상품이 갖는 특성과 장점을 알리기 위해 '광고 경쟁'을 하기도 해요. 호떡 장사를 하려면 까비님도 이 정도는 알고 시작하는 게 좋을 거 같아요. 근데 혹시 찍은 건 아니죠?"

가격은 어떻게 결정될까요?

까비는 대한 초등학교 앞에서 호떡 장사를 시작했어요.

가게 이름은 '도깨비 호떡'.

까비는 장사를 하기 위해 새벽에 일어나 반죽을 하고 호떡 속 재료를 만들었어요. 까비가 장사 준비를 다 끝내자 머니가 물었어요.

"까비님, 호떡 가격은 얼마로 하실 거예요?"

"뭐, 내 마음대로 정하면 되지 않을까?"

"까비님, 가격은 파는 사람 마음대로 정하는 게 아니에요."

"그럼?"

"가격은 팔고자 하는 사람과 사고자 하는 사람이 함께 결정하는 거예요. 생산자는 되도록 비싸게 팔려고 하고, 소비자는 되도록 싸게 사려고 해요. 만약 까비님이 제멋대로 비싼 가격을 고집하면 호떡 장사는 성공할 수 없어요. 소비자가 호떡을 사지 않을 테니까요."

"그렇구나!"

"물론 소비자가 마음대로 가격을 싸게 정해도 거래는 이루어지지 않지요. 까비님이 그 가격에는 호떡을 팔지 않을 테니까요."

"그럼 어떻게 가격을 결정해?"

"가격은 생산자와 소비자 사이의 줄다리기로 결정된다고 생각하시면 돼요. 호떡을 비싸게 팔고 싶은 까비님과 호떡을 싸게 사고 싶은 소비자, 양쪽 모두가 받아들일 수 있는 수준에서 적당한 가격이 결정되어야 하지요. 이걸 '수요와 공급이 가격을 결정한다'라고 한답니다."

까비가 그래도 가격을 정하지 못하고 끙끙대자 머니가 또 한마디 했어요.
"정하기 어려우면 호떡을 만드는 데 쓴 돈에 따라 결정해 보세요."

"가만있자, 호떡을 만들려고 밀가루, 설탕, 호떡 만드는 기계 등을 샀으니까……."

까비는 한참 계산하다가 어깨를 으쓱했어요.

"끙! 그래도 모르겠는걸."

"그럼 다른 호떡집이 얼마에 파는지 알아보고 정하면 되지 않을까요?"

"그렇지! 그게 좋겠다."

까비는 재빨리 옆 동네로 가서 호떡 가격을 알아 왔어요.

"옆 동네 호떡 가게는 호떡 하나를 1,000원에 팔더라. 그러니까 나도 1,000원에 팔아야겠어."

'도깨비 호떡'은 금방 인기를 끌었어요.

"애들아, 도깨비 호떡 먹어 봤니? 가격도 적당하고 맛도 있어."

입소문이 나자 도깨비 호떡 앞에는 아이들이 바글바글했어요.

특히 하교 시간에는 손님이 너무 많아 줄을 서서 기다려야 할 정도였어요.

어떤 아이들은 호떡을 입에 물고 인증 사진을 찍기도 했어요.

"후후, 이러다 금방 부자가 되겠는걸."

장사가 잘되자 까비는 욕심이 생겼어요.

"흐흐, 장사가 잘되니까 가격을 조금 올려 받아도 잘 팔리겠지. 대한 초등학교 앞에 호떡을 파는 가게는 우리 집밖에 없잖아."

까비는 호떡 가격을 1,000원에서 1,500원으로 슬쩍 올렸어요.

가격이 올랐지만 도깨비 호떡 앞은 여전히 아이들로 바글거렸어요.

그러던 어느 날 갑자기 '도깨비 호떡' 옆에 '핵맛 호떡'이 생겼어요.

'핵맛 호떡'은 맛도 좋고, 가격은 1,300원이었어요. '도깨비 호떡'보다 200원이나 쌌지요.

그러자 아이들은 '핵맛 호떡'으로 우르르 몰려갔어요.

"가격이 200원이나 싼데 맛은 비슷해."

"그럼 뭐 당연히 핵맛 호떡이지."

며칠 동안 '도깨비 호떡'은 파리만 날렸어요.

그러자 머니가 까비의 눈치를 보며 조심스럽게 충고했어요.

"저…… 까비님! 이러다 망하겠어요. 가격을 다시……."

"알아! 나도 안다고!"

까비는 소리를 빽 지르더니 1,300원으로 가격을 내렸어요.

손님을 다시 끌어들이기 위한 어쩔 수 없는 선택이었죠.

수요와 공급에 대해 알아보아요

정반대로 움직이는 수요와 공급 곡선

수요는 가격이 오를수록 작아지고 내릴수록 커져요. 한마디로 물건값이 싸면 소비자는 그 물건을 더 많이 사고, 비싸면 덜 사요. 반면에 공급은 가격이 오를수록 커지고 내릴수록 작아져요. 물건값이 오르면 판매자는 공급을 더 늘리고 싶어 해요. 반대로 물건값이 내려가면 소비자는 좋지만, 판매자는 팔고 싶은 의욕이 떨어져서 공급을 줄이려고 해요. 이 때문에 가격은 수요와 공급에 따라 계속 오르락내리락한답니다.

자, 함께 생각해 볼까요? 판매자가 물건값을 올렸어요. 그렇게 되면 물건을 사려는 수요가 줄고, 물건이 덜 팔리겠지요.

이번에는 물건값을 살짝 내려 볼게요. 사려는 사람이 줄을 서겠지요?

그런데 이렇게 장사가 잘되면 판매자는 다시 물건값을 살짝 올려놓고 수요가 어떻게 변하는지 살펴본답니다. 가격이 올랐음에도 불구하고 수요가 계속 이어진다면 물건을 파는 사람은 그대로 가격을 유지하겠죠.

이런 과정을 반복하다 보면 수요와 공급이 만나는 지점이 만들어져요. 아래 그래프에서 수요 곡선과 공급 곡선이 만나는 곳이 보이죠? 그곳이 바로 수요자와 공급자가 모두 만족하는 가격인 거예요. 이 가격을 **균형 가격**이라고 해요. 그리고 이 상태를 **시장의 균형**이라고 하지요.

우리가 시중에서 사는 물건은 대부분 이렇게 복잡한 과정을 거쳐 가격이 결정된답니다.

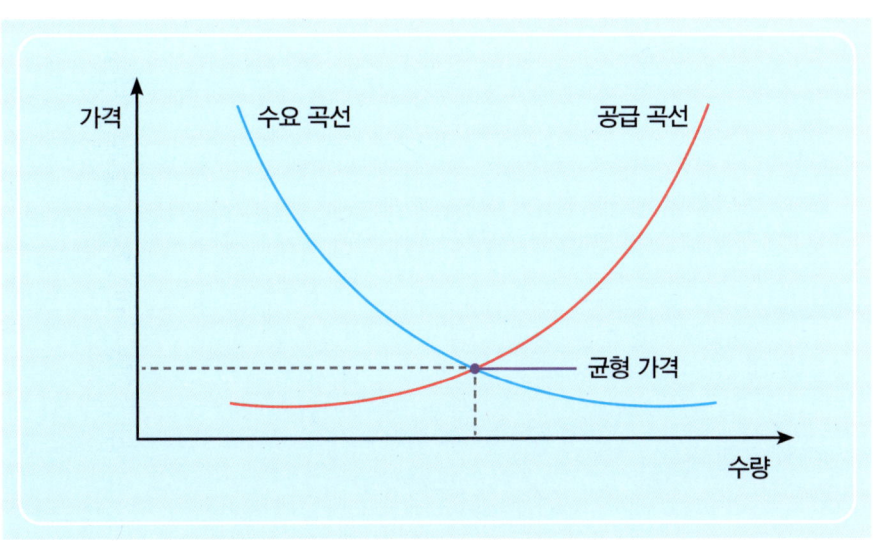

수요와 공급 그래프

불꽃 튀는 가격 경쟁

도깨비 호떡과 핵맛 호떡은 서로 손님을 끌어모으기 위해 불꽃 튀는 가격 경쟁을 펼쳤어요. 도깨비 호떡이 호떡 가격을 1,300원으로 내리자 핵맛 호떡은 그다음 날 바로 가격을 1,200원으로 내렸어요. 그러자 '도깨비 호떡'은 또 파리만 날렸죠.
며칠 뒤, 까비는 또 눈물을 머금고 호떡 가격을 1,200원으로 내렸어요. 손님들에게 인사도 더 잘하고, 친절하려고 노력했지요. 그래도 예전처럼 장사가 잘되지 않았어요. 호떡을 사 먹으려는 손님 수는 똑같은데, 호떡 가게는 두 개로 늘어났으니 장사가 잘될 리 없겠죠.
까비가 땅이 꺼져라 한숨을 쉬고 있을 때였어요.
갑자기 카메라를 든 사람이 불쑥 나타나더니 혼잣말을 하지 뭐예요.

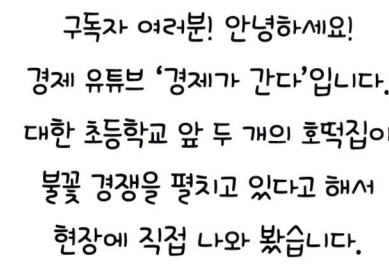

구독자 여러분! 안녕하세요! 경제 유튜브 '경제가 간다'입니다. 대한 초등학교 앞 두 개의 호떡집이 불꽃 경쟁을 펼치고 있다고 해서 현장에 직접 나와 봤습니다.

유튜버는 갑자기 까비를 향해 카메라를 비추며 물었어요.

"사장님, 혹시 인터뷰 좀 할 수 있을까요?"

까비는 어색하게 웃으며 고개를 끄덕였어요.

"그, 그럼요."

"최근에 핵맛 호떡에서 가격을 1,200원으로 내리자 사장님도 1,200원으로 내리셨죠?"

"네."

"제가 입수한 정보에 의하면 핵맛 호떡 사장님이 오늘 호떡 가격을 다시 1,100원으로 내린다고 하는데, 사장님은 어떻게 하실 생각인가요?"

까비는 어금니를 꽉 깨물며 말했어요.

"그, 그럼 저도 1,100원으로 내려야죠. 별수 있나요?"

유튜버는 카메라를 보고 말했어요.

"구독자 여러분! 들으셨죠? 이처럼 상인들은 물건값을 경쟁적으로 내립니다. 손님은 이왕이면 더 싼 호떡을 사려고 하거든요. 하지만 이건 호떡 맛이 똑같을 때의 얘기입니다. 만약 호떡 맛이 월등하다면 가격이 조금 비싸도 더 잘 팔릴 수 있습니다."

까비는 유튜버의 말을 곰곰이 생각해 봤어요.
'음……. 내가 왜 그 생각을 못 했지? 가격을 낮추기만 할 게 아니라, 호떡을 더 맛있게 만들면 경쟁에서 이길지도 모르잖아.'

다음 날, 까비는 파란 주머니를 꺼냈어요. 파란 주머니에는 파란 마법 가루가 들어 있어요. 이 파란 가루를 뿌리면 음식이 엄청 맛있게 변해요. 까비는 파란 가루를 손에 들고 잠시 고민하다 다시 집어넣었어요.
'에이, 도깨비 체면이 있지. 이런 방법으로 이기면 뭐 해. 이건 아니야.'

하지만 며칠째 계속 장사가 안 되자 까비는 결국 파란 가루를 꺼내고 말았어요.
'그래! 쓸 때 써야지. 이건 비겁한 게 아니야. 최선을 다하는 거지.'
까비는 마법 가루를 듬뿍 뿌린 반죽으로 호떡을 만들어 팔았어요.
그러자 가게는 다시 손님들로 북적거리기 시작했어요.
"와, 도깨비 호떡이 갑자기 엄청 맛있어졌어."
"같은 가격이면 당연히 도깨비 호떡을 사 먹어야지."
반면 핵맛 호떡은 파리만 날렸어요.
"끙, 손님을 다 빼앗겼네. 밀가루 가격이 올라서 호떡 가격을 더 내리면 원새롯값도 안 나오는데 가격을 더 내릴 수도 없고……. 경쟁에서 이길 방법이 없네."
결국 며칠 뒤, 핵맛 호떡은 문을 닫고 말았어요.

핵맛 호떡이 문을 닫자, 까비는 가격을 다시 1,500원으로 올렸어요.
'경쟁 상대가 없으니까 굳이 싸게 팔 필요가 없지.'
가격을 올렸지만 손님 수는 줄지 않았어요.
까비는 더 욕심이 생겨 돈을 더 벌겠다고 마음먹고
가격을 2,000원으로 올렸어요.
그때 유튜버가 다시 불쑥 나타났어요.

구독자 여러분! 안녕하세요!
오늘은 도깨비 호떡이 대한 초등학교 앞에서
호떡을 독점 판매하게 되었다는
정보를 듣고 달려왔습니다.
경쟁할 때는 호떡 가격이 1,100원이었는데요.
독점 판매를 하자 가격이 무려
2,000원으로 올랐네요.

유튜버는 도깨비 호떡의 메뉴판을 가리키며 이야기했어요.
그러고는 갑자기 퀴즈를 냈지요.

잠깐 퀴즈

도깨비 호떡처럼 한두 개의 회사가 경쟁 없이 이익을 독차지하는 걸 **독점**이라고 합니다. 독점이 생기면 수요·공급 법칙에 따라 가격이 결정될까요? 아니면 수요·공급 법칙을 따르지 않을까요?

도깨비 호떡 1개 2000원

퀴즈를 내자마자 채팅 창에 불이 났어요.
두 의견이 팽팽하게 맞섰지요.
유튜버는 채팅 창의 반응을 잠시 지켜본 뒤 다시 입을 열었어요.

정답은 '수요·공급 법칙을 따르지 않는다'입니다.

유튜버는 설명을 이어 갔어요.

독점은 시장 경제 시스템의 기본인 수요·공급의 법칙을 따르지 않습니다. 가격이 수요와 공급이 아니라, 독점 기업의 뜻대로 정해지죠. 왜냐고요? 그야 그 물건을 만드는 회사가 한 곳밖에 없어 가격이 어떻든 소비자가 살 수밖에 없기 때문이죠.

이 제품은 우리 회사만 만드니까 가격을 마음대로 정할 수 있지.

경제가 간다!

도깨비 호떡 주인을 보세요! 호떡을 독점으로 판매하기 때문에 자기 마음대로 가격을 올렸잖아요. 이처럼 한 생산자가 독점하면 가격이 오르고 서비스 질이 나빠져서 소비자가 큰 피해를 볼 수 있습니다.

한 걸음 더!

시장 경제와 정부의 역할은 무엇일까요?

시장 경제와 '보이지 않는 손'

가격은 '수요·공급의 법칙'에 따라 오르락내리락하며 스스로 균형을 찾아가요. 이것이 바로 '시장 경제'지요.

우리나라를 비롯한 세계 여러 나라는 시장 경제 체제를 따르고 있어요. 시장 경제의 핵심은 '누군가 나서서 가격을 결정하지 않아도 저절로 합리적인 가격이 정해진다'예요. 즉 시장 경제 내에서는 수요와 공급에 따라 알아서 적절하게 가격이 결정돼요.

이것을 영국의 유명한 경제학자 애덤 스미스는 '시장은 보이지 않는 손에 의해 조종된다'라고 말했어요. 애덤 스미스는 정부나 기관이 나서지 않아도 시장은 스스로 잘 돌아간다고 주장했어요.

시장 경제 속 정부의 역할

오늘날에는 시장 경제에 모든 걸 맡겨 두진 않아요. 비윤리적인 기업들이 있거든요. 몇몇 기업은 더 큰 이익을 남기기 위해 몰래 모여서, 가격을 한꺼번에 얼마만큼 올리자고 **담합**을 해요. 그렇게 되면 소비자는 싸고 좋은 물건을 선택할 권리를 잃어버리겠죠? 그래서 정부는 이 같은 불공정 거래 행위를 막고, 경제 주체들이 공정하게 경쟁할 수 있도록 적절하게 규제하고 있어요.

또한 공공재(도로, 공원, 문화 시설 같은 공공이 사용하는 시설물)는 우리 생활에 꼭 필요하지만 시장에 맡겨 두면 아무도 생산하지 않아요. 이윤이 덜 남기 때문이지요. 그래서 정부는 공공재를 직접 생산해서 국민들이 안전하고 편안하게 생활할 수 있도록 돕는답니다.

유튜버가 자기를 비난하는 투로 말하자 까비는 기분이 나빠져서 유튜버를 쫓아 버렸어요.

"저기요! 누구 마음대로 여기서 촬영하는 거예요?"

유튜버는 다른 곳으로 쫓겨 가면서도 계속 카메라를 보고 뭐라 뭐라 떠들었지요.

"구독자 여러분! '경제가 간다'는 이 정도로 기죽지 않습니다. 자, 이번에는 편의점으로 가서 경제의 비밀을 낱낱이 파헤쳐 보겠습니다. 모두들 절 믿고 따라오세요. 아, 그리고 구독, 좋아요, 알림 설정까지! 아시죠?"

까비가 유튜버를 쫓아 버리고 며칠이 지났어요. 까비는 오늘도 본격적으로 손님 맞을 준비를 했지요. 그런데 며칠 전부터 손님들은 가게 앞을 서성거릴 뿐 안으로 들어오질 않았어요. 그때 마침 현승이가 가게를 찾아왔어요.

"까비야, 왜 그래? 무슨 일 있어? 표정이 안 좋네."

"그게…… 얼마 전부터 갑자기 장사가 안 돼! 왜 이러지?"

현승이는 메뉴판을 확인하다, 고함을 꽥 질렀어요.

"아니, 호떡 하나에 2,000원이 뭐야! 네가 너무 욕심을 부려서 장사가 안 되는 거잖아."

엎친 데 덮친 격이라더니. 며칠 뒤에는 대한 초등학교 근처 대형 마트에서 대박 호떡을 900원에 팔기 시작했어요. 맛도 기가 막히다는 소문이 쫙 퍼졌어요. 그러자 도깨비 호떡을 찾는 손님은 점점 더 줄어들었어요.

까비가 심각한 표정으로 머니에게 물었어요.

"머니야, 밀가루 가격이 엄청 올랐는데, 대형 마트는 어떻게 호떡을 900원에 팔 수 있지? 그러면 손해일 텐데."

"까비님, 가격은 재료비, 인건비, 광고비, 홍보비 등의 비용과 기업의 이윤이 더해져 결정된다는 건 아시죠?"

까비는 시무룩한 얼굴로 고개를 끄덕였어요.

"대형 마트는 도매상에 해당해요. 즉, 중간 단계에서 드는 비용을 아낄 수 있죠. 그래서 같은 물건을 더 싸게 공급할 수 있는 거예요."
"대형 마트랑 경쟁하려면 또 다른 방법을 찾아야 한다는 거야?"
"네."

하지만 까비는 방법을 찾지 못했고, 도깨비 호떡은 결국 문을 닫고 말았어요. 까비는 다시 빈털터리가 됐어요. 이제 와서 다시 도깨비 숲으로 돌아갈 수도 없어요. 도깨비 방망이도 없는 도깨비라며 놀림당할 게 뻔하니까요.
까비는 어떻게 하든 인간 세상에서 살아가면서 자기 힘으로 돈을 벌어야겠다고 결심했어요.
과연 까비는 앞으로 어떻게 돈을 벌어야 할까요? 혹시 까비에게 도움이 될 만한 아이디어가 있다면, 여러분이 좀 알려 주세요.

작가의 말

"나는 어리니까, 경제는 아직 몰라도 되겠지."
"경제가 나랑 무슨 상관이 있겠어?"

혹시 이런 생각을 하고 있나요? 그렇지만 경제는 모든 사람과 관련 있어요. 용돈을 받는 일, 떡볶이를 사 먹는 일, 저축을 하는 일 등이 모두 경제 활동이에요. 우리는 죽을 때까지 매일 이런 경제 활동을 하며 살아간답니다. 그러니 어려서부터 관심을 가지고, 경제 공부를 해야 해요. 그래야 어른이 되고 난 뒤 경제 활동을 효율적으로 잘할 수 있거든요.

문제는 경제가 좀 딱딱하다는 거예요. 어려운 말도 많고요. 이 때문에 경제를 멀리하는 어린이가 꽤 많죠. 이 책은 그런 어린이를 위해 쓴 책이에요. 재미있는 동화로 이야기를 풀어 나가면서 경제 이야기를 전달하면, 좀 더 쉽게 경제를 이해시킬 수 있겠다고 생각했지요.

이 책의 주인공은 꼬마 도깨비 까비예요. 까비는 도깨비 방망이를 부러뜨리는 바람에, "금 나와라, 뚝딱!"을 못 하게 되지요. 결국 까비는 스스로 노력해서 돈을 벌기로

결심하고 인간 세상으로 내려와요. 까비는 인간 세상의 기본적인 경제 개념에 대해 하나둘씩 배워 나가요. 화폐가 뭔지도 알게 되고, 필요한 물건을 사면서 합리적으로 소비하는 법도 익히지요. 나중에는 도깨비 호떡을 팔아 돈을 벌면서 시장 경제의 원리도 알게 돼요.

  이 이야기를 읽으면서 여러분이 어떤 생각을 했을지 궁금해요. 푸딩처럼 말랑말랑한 어린이 경제 입문서를 써야겠다고 생각하면서 이 책을 썼는데, 여러분은 어떻게 읽었나요? 딱딱하고 골치 아팠던 경제가 조금 재미있게 느껴졌나요? 그랬다면 정말 좋겠어요.

  혹시 책을 다 읽어 봤는데도 아직 알쏭달쏭 궁금한 경제 개념이 있다면, 필요한 개념만 쏙쏙 골라서 다시 한번 읽어 볼 수도 있어요. 초등학생이 꼭 알아야 할 경제 핵심 개념은 만화, 말풍선, 팁 박스 등의 형태로 쉽게 풀어서 설명해 놓았거든요. 그래서 그런 부분만 다시 읽어 봐도 경제 개념을 익히는 데 크게 도움이 된답니다. 이 책을 통해 어린이들이 어렵고 복잡한 경제를 조금이라도 친근하게 느꼈다면 저는 더 바랄 게 없을 듯해요.

하남 미사리에서 황근기